Ein Sommer mit Überraschungen

Zu diesem Buch gibt es Audiodateien, Lösungen und weitere Extras, die mit der Klett-Augmented-App geladen und abgespielt werden können.

 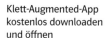

Klett-Augmented-App kostenlos downloaden und öffnen	Seite mit **diesem Symbol** scannen	Medien laden, direkt nutzen oder speichern

Alternativ **vkrxe3f** im Suchfeld auf www.klett-sprachen.de eingeben.

1. Auflage   1 ¹⁰ 9 8 7 6 | 2027 26 25 24 23

Alle Drucke dieser Auflage sind unverändert und können im Unterricht nebeneinander verwendet werden.
Die letzte Zahl bezeichnet das Jahr des Druckes. Das Werk und seine Teile sind urheberrechtlich geschützt. Jede Nutzung in anderen als den gesetzlich zugelassenen Fällen bedarf der vorherigen schriftlichen Einwilligung des Verlages.

www.klett-sprachen.de

Autorin: Angelika Allmann

Redaktion: Benjamin Linhart
Layoutkonzeption: Sabine Kaufmann
Illustrationen: Andrea Naumann, Aachen
Gestaltung und Satz: DOPPELPUNKT, Stuttgart
Umschlaggestaltung: Sabine Kaufmann
Aufnahmen: Plan 1 Media, München und Gunther Pagel, Top10 Tonstudio, Viernheim
Tonregie und Schnitt: Gunther Pagel, Top10 Tonstudio, Viernheim
Sprecherinnen und Sprecher: Christian Birko-Flemming, Marco Diewald, Clara Gerlach, Sofia Lainovic, Benjamin Pagel, Sigrun Schumacher, Hans-Peter Stoll, Anke Stößer, Emilio Vega, Ron Vodovozov
Druck und Bindung: Plump Druck & Medien GmbH, Rheinbreitbach

Printed in Germany
ISBN 978-3-12-674940-4

Angelika Allmann

leicht & klasse A1

Ernst Klett Sprachen
Stuttgart

Inhalt

Die Personen

Kims **Papa**

Kim spielt Fußball beim FC?
ist sehr gut in Mathe und
ein Fan von den YouTubern
Die Lochis. In ihrer Freizeit
macht sie viel mit ihren
Freunden Marie, Henri und
Lukas.

Kims **Mama**

Kims Bruder **Leo**

Marie ist Kims beste Freundin. Sie ist nicht so gut in Mathe. Sie ist in Henri verliebt.

Henri hat einen Papagei. Seine Hobbys sind Skateboard fahren und klettern. Er ist in Marie verliebt.

dullah kommt
s Syrien und lebt
t einem Jahr in
utschland.

Lukas ist Henris bester Freund. Er versteht die Mädchen nicht.

7

1 Der letzte Ferientag

Es ist Sonntagmittag und Kim geht es nicht so gut.
Sie spielt Fußball beim FC22. Gestern hat ihr Team 1:0
verloren. Sie ist traurig und liegt noch im Bett. Am liebsten
möchte sie heute den ganzen Tag im Bett bleiben und
mit niemandem sprechen. Sie checkt ihr Handy. Aber sie
findet keine SMS.

Dann geht die Tür auf und ihr Papa kommt ins Zimmer.

- Guten Morgen Kim! Wie geht es dir?
- Es ist noch so früh! Mir geht es nicht so gut!
- Es ist schon 12 Uhr und wir essen in einer
  halben Stunde!
- Mein rechtes Knie tut weh!
- Das kann passieren, wenn man Fußball
  spielt.
- Ich mag nicht aufstehen!
- Beim nächsten Spiel läuft es bestimmt
  besser. Komm, steh auf!

Papa geht zurück in die Küche. Plötzlich vibriert ihr Handy
und sie liest die neue Nachricht.

Na, schon wach? Sind heute
um 14 Uhr im Schwimmbad.
Kommst du auch?

Kim antwortet sofort.

Ja, natürlich.
Bis gleich!

Sie springt aus dem Bett und geht ins Badezimmer.
Dort duscht sie sehr lange.

Dann geht sie in die Küche. Ihre Eltern und ihr Bruder sehen sie an.

- Was ist mit deinem linken Auge passiert?
- Ach nichts.
- Aber es ist ja ganz blau!
- Ja, aber es tut nicht weh!

Auf dem Tisch steht schon das Mittagessen. Es gibt
Schnitzel und Kartoffelsalat. Das ist Kims Lieblingsessen.
Sie setzt sich an den Tisch und beginnt zu essen.

Nach ein paar Minuten erzählt sie, was gestern passiert ist:

- Bei einem Kopfball hatte ich plötzlich die
  Hand einer Spielerin in meinem Auge. Und
  jetzt habe ich ein blaues Auge.

Die Mutter steht auf und geht zum Kühlschrank.

- Es ist ja nicht so schlimm. Magst du noch ein
  Schoko…?
- Mmhhh, Schokoladeneis! Der Tag kann nur noch
  besser werden.

2 Ich will mitkommen!

Nach dem Mittagessen geht Kim zurück ins Zimmer. Sie packt ihren Bikini und ihr Handtuch in einen schwarzen Rucksack. Ihr kleiner Bruder Leo kommt ins Zimmer.

- Darf ich auch mit?
- Nein, du nervst!
- Ich kann schon schwimmen.
- Nein, ich möchte allein mit meinen Freunden sein.
- Was soll ich denn machen? Mir ist langweilig!
- Keine Ahnung! Vielleicht spielt Papa mit dir!

Kim nimmt ihren Rucksack und geht zur Garage. Hier steht ihr neues rotes Fahrrad. Sie wohnt in der Rathenaustraße direkt im Zentrum von Erfurt. Sie braucht 30 Minuten zum Schwimmbad.

Kim ist im Schwimmclub und trainiert montags und mittwochs nach der Schule. Heute ist der letzte Ferientag und morgen beginnt wieder das Training. Letztes Jahr war sie zwei Wochen in einem Ferien-Camp und hat die Prüfung zur Rettungsschwimmerin[1] gemacht. Das war anstrengend, aber es hat großen Spaß gemacht.

---

1 der **Rettungsschwimmer**, – / die **Rettungsschwimmerin, -nen:**
Jemand, der Schwimmern in Not hilft.

Pünktlich um 14 Uhr ist sie am Stotternheimer
Schwimmbad und trifft ihre Freundin am Eingang.

- Hallo Marie! Wie geht es dir?
- Nicht so gut. Ich habe Stress mit meinen
  Eltern! Ich soll für Mathe lernen. Und
  morgen … Schule …
- Ich helfe dir heute Abend, was meinst du?
- Komm, wir gehen zu den Jungs!

3 Im Schwimmbad Stotternheim

Kim und Marie gehen zum Beachvolleyball-Platz. Hier treffen sie Henri und Lukas.

- Spielt ihr mit uns Beachvolleyball?
- Ja gerne.
- Was ist mit deinem Auge passiert, Kim?
- Mein Auge ist kein Problem. Aber wir haben 1:0 verloren.
- Oje!
- Ja, wir müssen das nächste Spiel gewinnen!

Henri nimmt den Volleyball und wirft den Ball
zu Lukas. Dann gehen sie alle zusammen zum Platz.
Kim und Marie stehen als Team auf der einen Seite,
die Jungs stehen auf der anderen Seite. Sie spielen
ein Spiel und die Jungs gewinnen.

Plötzlich ruft Marie: „Ich bin so müde und
mein Arm tut weh! Ich habe keine Lust mehr,
ich brauche eine Pause!"

Lukas sieht Henri an und denkt: „Die ist aber langweilig.
Immer tut ihr etwas weh!"

„Klar, kein Problem, wir gehen zum Sprungturm[2]",
antwortet Henri.

Henri und Lukas gehen zum 5-Meter-Sprungturm und
springen ins Wasser. Die Mädchen setzen sich auf zwei
Stühle, die neben dem Sprungturm stehen. Zuerst sehen
sie den Jungs zu, dann unterhalten sie sich:

---

2   der **Sprungturm, Sprungtürme:** Von hier kann man aus 3 oder 5
Metern Höhe ins Wasser springen.

- Gehst du mit mir nächste Woche ins Einkaufszentrum, Kim?
- Ja, gerne!
- Ich brauche eine neue Jeans und Ohrringe!
- Ja super, ich brauche ein neues T-Shirt und eine coole Sonnenbrille!
- Wir bleiben noch eine Stunde und heute Abend lernen wir bei mir zu Hause Mathe. Am Dienstag nach der Schule gehen wir dann shoppen.
- Das ist eine gute Idee!

Plötzlich ruft jemand ganz laut: „Hilfeeeee …"

Was ist da los? **4**

Kim sieht zuerst zum Sprungturm und dann ins Wasser.
Dort sind ein Kopf und zwei Arme, die sich im Wasser
bewegen. Sie reagiert sofort und springt ins Wasser. Einen
Moment später hält sie den Arm und den Kopf einer
Person. Es ist ein Junge.

„Beweg dich nicht, bleib ganz ruhig! Ich helfe dir!", sagt
sie ruhig und schwimmt mit ihm zum Beckenrand. Dort
stehen schon viele Leute. Der Bademeister[3] nimmt den
Jungen und zieht ihn aus dem Wasser. Er ist ganz schwach
und spricht sehr leise.

---

3   der **Bademeister, –** / die **Bademeisterin, -nen:** Passt im
Schwimmbad auf, dass nichts passiert.

- Dankeee.
- Wie ist dein Name?
- Ich heiße Abdullah.
- Woher kommst du?
- Ich komme aus Syrien, aber jetzt wohne ich in Erfurt.

Ein paar Minuten später kommt ein Krankenwagen und fährt Abdullah ins Krankenhaus. Dann geht der Bademeister zu Kim.

- Ich brauche noch deinen Namen und deine Adresse. Und hier hast du eine Cola.

Die Mädchen gehen zurück zu den Stühlen. Marie ist immer bei Kim. „Geh bitte nicht weg", sagt Kim leise zu Marie. „Natürlich nicht, ich bin doch deine beste Freundin. Das war ganz schön gefährlich! Ich glaube, wir lernen heute kein Mathe!"

Dann ruft Kim ihre Eltern an und erzählt, was passiert ist.

- Bitte kommt und holt mich ab.

Kims Mama und Papa kommen nach einer halben Stunde.
Sie sind froh, als sie ihre Tochter sehen.

- Gut gemacht, mein Liebling.

Ihre Mama hat eine gute Idee.

- Wenn wir zu Hause sind, gibt es eine heiße
  Schokolade.

5 Das Interview

Kim ist sehr müde und hungrig. Sie möchte noch etwas essen und dann einfach nur schlafen.

Aber um 19.30 Uhr kommt eine Reporterin und Kim gibt ein Interview für die Erfurter Zeitung.

- Wo ist es passiert?
- Im Schwimmbad am Sprungturm.
- Warst du alleine?
- Nein, ich war mit meiner Freundin Marie zusammen.
- Was hast du gesehen?
- Ich habe 2 Arme gesehen und mir war klar, da muss ich helfen!
- Du bist Rettungsschwimmerin?
- Ja, ich bin im Schwimmclub und letztes Jahr habe ich die Prüfung gemacht. Nur dann kann man helfen, sonst ist es zu gefährlich.
- Warum kann Abdullah nicht schwimmen?
- Er kommt aus Syrien und hat es dort vielleicht nicht gelernt!

Nach dem Interview geht Kim in ihr Zimmer. Morgen beginnt wieder die Schule und dafür muss sie topfit sein. Deshalb geht sie schlafen. Müde sieht sie auf ihr Handy.

Hallo Kim,
das heute im Schwimmbad war klasse!
Und das nächste Spiel gewinnen wir bestimmt!
Bis bald
Tom / FC22

„Mein Trainer hat es auch schon gehört", freut sich Kim. Dann schreibt sie noch ein paar Sätze in ihr Tagebuch und schläft sofort ein.

6 Der erste Schultag

Pünktlich um 8 Uhr beginnt die Schule. Kim besucht jetzt die 8. Klasse am Huber-Gymnasium.

	Montag	Dienstag	Mittwoch	Donnerstag	Freitag
8.00 – 8.45	Mathe	Deutsch	Sozialkunde	Ethik	Kunst
8.45 – 9.30	Mathe	Deutsch	Geschichte	Ethik	Kunst
9.45 – 10.30	Geschichte	Französisch	Mathe	Sozialkunde	Englisch
10.30 – 11.15	Französisch	Französisch	Mathe	Geografie	Englisch
11.35 – 12.20	Englisch	Informatik	Deutsch	Physik	Physik
12.20 – 13.05	Englisch	Informatik	Deutsch	Französisch	Geografie
13.05 – 14.00	PAUSE				
14.00 – 14.45	Bio	Sport		Chemie	
14.45 – 15.30	Bio	Sport		Chemie	

„Mein neuer Stundenplan ist super!", denkt sie.
Der Montag beginnt immer mit Mathe. Marie ist nicht so glücklich darüber.
Aber als der Mathelehrer Herr Müller ins Klassenzimmer kommt, ist sie sehr froh. Er trägt ein blaues Hemd und eine Sonnenbrille.

„Der sieht aber sympathisch aus!", sagt sie leise zu Kim.
„Vielleicht lerne ich jetzt mehr für Mathe."
„Ja, das finde ich auch. Und er ist auch unser
Sportlehrer!", antwortet Kim.

Um 13.05 Uhr ist die große Pause und alle gehen zur
Cafeteria. Viele Schüler begrüßen Kim. Sie ist heute der
Star in der Schule. Fast alle haben das Interview in der
Zeitung gelesen.

ERFURTER ZEITUNG

Unfall im Schwimmbad

Mädchen rettet Jungen vor dem Ertrinken

Sie ist glücklich und froh, dass sie Abdullah helfen konnte.
Jeden Tag denkt sie an ihn. Hoffentlich geht es ihm gut!
Um 15.30 Uhr ist die Schule aus und Kim fährt mit dem
Fahrrad nach Hause. Die ganze Woche ist stressig. Es gibt
viele neue Lehrer und sie muss viel lernen. Am Abend
muss sie noch zum Schwimmen. Aber darauf freut sie sich
immer.

7 Wo ist Bilbo?

Am Freitag nach der Schule treffen sich die Freunde vor dem Jugendtreff⁴. Henri kommt ein bisschen später mit seinem Skateboard. Er sieht sehr traurig aus.

- Was ist passiert?
- Mein Papagei ist weg. Er ist vorgestern aus dem Fenster geflogen!
- Oh, das ist dumm.
- Ja, meine ganze Familie sucht schon seit 2 Tagen nach ihm.

---

4   der **Jugendtreff, -s:** Ort, wo sich Jugendliche in ihrer Freizeit treffen.

Das finden alle ziemlich blöd. Aber Marie hat eine gute Idee. Sie öffnet ihren Rucksack und findet ein Blatt Papier.

- Hier schreiben wir Informationen über deinen Papagei. Dann hängen wir sie hier im Jugendtreff auf. Vielleicht findet ihn jemand.

Henri findet die Idee toll und holt sein Handy aus der Tasche.

Das ist ein Foto von ihm.
Sein Name ist Bilbo.

Zusammen schreiben sie alle Informationen auf das Blatt.

Wir suchen Bilbo, einen grünen Papagei!
Seit 15.8. ist Bilbo weg.
Er ist sehr intelligent und kann sprechen.
Info unter 0151 52912801

Dann hängen Sie die Information an die Tür.

Die Freunde sind froh und Henri geht es schon wieder besser.

8 Ein Brief für Kim

In der nächsten Woche kommt Kim genervt von
der Schule nach Hause. Es regnet und das findet sie
schrecklich. „So ein Mistwetter! Was soll ich den ganzen
Nachmittag machen?", denkt sie. Ein paar Minuten später
sitzt sie am Laptop und spielt.

„Magst du Pizza?", ruft Mama aus der Küche
und kommt ins Wohnzimmer.

Mama gibt ihr noch einen Brief.

- Der war heute in der Post!

Kim ist ganz nervös. Sie öffnet sofort den Brief.

Liebe Kim,

vielen Dank für deine Hilfe. Abdullah geht es wieder gut.
Es war sehr toll, was du im Schwimmbad gemacht hast.
Deshalb möchten wir dich zu einem Konzert einladen.
Die Lochis kommen nach Erfurt. Hier sind 2 Tickets
für das Konzert im Stadtgarten.
Viel Spaß!

Liebe Grüße
Bürgermeister[5]
Basewein

Kim findet den Brief echt cool. „*Die Lochis* wollte ich
schon immer sehen. Hm, mit wem gehe ich denn zum
Konzert?", fragt sie ganz nervös. Plötzlich klingelt Kims
Handy. Es ist Henri. Er spricht sehr schnell: „Komm sofort
zum Park. Ich muss dir etwas zeigen!"

---

5   der **Bürgermeister, –** / die **Bürgermeisterin, -nen:** Der Chef / die
Chefin im Rathaus in einer Stadt.

9 So eine Überraschung![6]

Kim nimmt ihr rotes Fahrrad und fährt zum Park.
„Zum Glück regnet es nicht mehr", denkt sie sich.
Henri und Marie warten schon am Kiosk auf sie.
Neben ihnen sitzt ein Tier.

- Wer ist denn das?
- Das ist Rex, den haben mir meine Eltern gekauft!
- Und was ist mit deinem Papagei?
- Keine Ahnung, dafür habe ich jetzt einen Hund!

6 **die Überraschung, -en:** Etwas, das man nicht erwartet hat.

Rex sitzt ganz lieb neben Henri und ist ruhig. Dann erzählt
Kim von ihrem Brief.

- Vom Bürgermeister Basewein habe ich 2 Tickets
  für *Die Lochis* bekommen! Ich möchte gerne mit
  Ben zum Konzert gehen. Er geht in die 10. Klasse
  und ich kenne ihn nicht so gut. Habt ihr seine
  Handynummer?"

Henri checkt schnell sein Handy und zeigt Bens
Telefonnummer auf dem Display.

Ich gehe dieses Wochenende mit ihm zum
Klettern. Dann kann ich ihn fragen, ob er mit dir
zum Konzert gehen möchte?
- Nein, nein, das ist peinlich! Ich schreibe ihm gleich
  eine SMS.

Hallo Ben,
Die Lochis kommen nach Erfurt. Ich habe
2 Tickets. Möchtest du mitkommen?
LG Kim

„Hoffentlich antwortet er bald", denkt Kim. Dann gehen
die drei zum Jugendtreff.

10 Am Abend im Jugendtreff

Kim denkt sehr oft an Ben: „Hoffentlich liest er meine SMS." Sie sieht jede Minute auf ihr Handy.

Die Musik ist sehr laut. Plötzlich hört sie das Lied „Lieblingslied" von den *Lochis*. Kim steht auf und geht zum DJ: „Hey, cooler Song!" Das Lied gefällt ihr. Sie tanzt gerne allein. Aber es gibt noch andere Leute und alle tanzen zusammen.

Neben ihr ist ein Junge. Sie sieht ihn immer an.

- Wie heißt du?
- Ich bin Abdullah.
- Ja, natürlich. Wir haben uns im Schwimmbad gesehen. Ich bin Kim!
- Du bist Kim! Vielen Dank für alles!
- Bist du auch ein *Lochis*-Fan?
- Ja, die Zwillinge sind fantastisch!

Sie tanzen noch lange zusammen. Dann setzen sie sich auf ein Sofa und sprechen über den Unfall im Schwimmbad.

- Leider habe ich in Syrien nie richtig schwimmen gelernt. Als ich ins Wasser gesprungen bin, habe ich mir am Rücken weh getan. Deshalb konnte ich nicht mehr alleine zum Beckenrand schwimmen.

Beide haben sich noch viel zu erzählen.
„Der ist aber sympathisch", denkt Kim und fragt nach seiner Handynummer.

- Ich ruf dich mal an. Bis bald.

Sie steht auf und geht.

11 Die Nachricht

Die nächsten Tage ist Kim genervt. Ben hat noch nicht geantwortet. Sie ruft Henri an.

- Warst du am Wochenende beim Klettern?
  - Ja.
- Hat er etwas gesagt?
  - Nein. Aber da war noch ein anderes Mädchen. Die war immer bei ihm.
- So ein Mist!

Sie wirft das Handy auf ihr Bett und weint ein bisschen. 5 Minuten später sucht sie in ihrer Playlist auf ihrem Handy nach den *Lochis*.
„Oh, ‚Stitches', das muss ich jetzt anhören."

Sofort setzt sie ihre Kopfhörer auf und beginnt zu tanzen. Gleich geht es ihr besser.
„So ein blöder Typ!
Mit wem gehe ich jetzt zum Konzert?"

Plötzlich hat sie eine Idee und geht zu ihrem Bett. Sie sieht auf ihr Handy.
„Ja, diese Nummer rufe ich an. Das ist eine gute Idee!"

Sie ruft die Nummer an. Leider spricht er gerade mit einer anderen Person. Kim schreibt eine SMS.

> Bitte ruf mich an!
> LG Kim

Zwei Minuten später klingelt ihr Handy.

- Hallo! Hier ist Abdullah.
- Hallo Abdullah! Hier ist Kim! Ich habe 2 Tickets für *Die Lochis*. Möchtest du mit mir zum Konzert gehen?
- Zu den *Lochis*? Ja, super gerne.
- Dann treffen wir uns am Freitag um 18 Uhr beim Jugendtreff am Eingang?
- O.K.! Das ist wunderbar, ich freue mich! Hoffentlich spielen sie „Ab geht´s"!
- Ich denke schon. Das Lied ist klasse. Also dann bis Freitag!

Am Abend erzählt Kim ihren Eltern, mit wem sie ins Konzert gehen möchte. Die Eltern kennen Abdullah nicht. Aber sie möchten ihn kennenlernen.

Kim ruft Abdullah an und lädt ihn für Dienstagabend zum Essen ein.

Pünktlich um 19 Uhr klingelt es an der Haustür. Kim öffnet die Tür.

- Hallo Abdullah. Komm rein, das Essen ist schon fertig.
- Ich bin so nervös!
- Bleib ganz ruhig. Meine Eltern sind total cool. Sie möchten dich nur kennenlernen.

Beide gehen ins Wohnzimmer. Dort warten schon Kims Eltern und begrüßen Abdullah freundlich. Vor vielen Jahren waren sie beide mit dem Rucksack in Syrien und haben dort Urlaub gemacht. Dort haben sie viel gesehen und fotografiert.

- Möchtest du schwarzen Tee?
- Ja, mit viel Zucker, bitte!
- Setz dich bitte, wir haben Oliven, arabisches Brot und Gemüse! Das haben wir im Urlaub in Syrien auch immer gerne gegessen.

Abdullah gefällt es sehr bei Kims Eltern. Das Essen ist sehr gut.
Vor einem Jahr ist er nach Erfurt gekommen und wohnt jetzt in einem Kinderheim[7].

Plötzlich steht er auf.

- Es tut mir leid, aber ich muss nach Hause!
- Alles klar, das verstehe ich! Du kannst jeder Zeit gerne wieder vorbeikommen.
- Hier ist noch ein Stück Baklava[8]. Das magst du bestimmt!
- Das ist ja fast wie bei meiner Mutter in Syrien. Vielen Dank für den schönen Abend!

Kim bringt Abdullah noch zur Tür. „Wir sehen uns am Freitag um 18 Uhr beim Jugendtreff", sagt sie freundlich und macht die Tür zu.

_____

7   das **Kinderheim, -e:** Hier leben Kinder und Jugendliche ohne Eltern.

8   das **Baklava, -s:** süßes arabisches Gebäck.

14 Das Konzert

Kurz vor 6 wartet Abdullah mit seinem Fahrrad vor dem Jugendtreff. Kim kommt pünktlich um 18 Uhr mit ihrem Fahrrad. Dann fahren sie zusammen zum Stadtgarten.

Das Konzert ist ausverkauft[9]. Kim gibt Abdullah ein Ticket. 15 Minuten später sehen sie schon die Zwillinge. Das Konzert fängt an.

- Die sind echt cool!
- Ja, die Musik ist klasse!
- Danke, Kim.

---

9 **ausverkauft:** Es gibt keine Tickets mehr.

In der Pause kauft Abdullah für Kim und sich eine Cola.
10 Minuten später kommen die Jungs zurück und singen
ihre neuen Songs. Das Konzert ist viel zu schnell vorbei.
Aber es war einfach super.

Abdullah bringt Kim nach Hause.

- Vielen Dank, Kim! Das werde ich nie vergessen!
- Mir hat es auch sehr gut gefallen!
- Ich habe leider noch keine Freunde hier in Erfurt.
- Das wird sich bald ändern. Komm am Samstag
  zu mir. Dann können wir ein bisschen Deutsch
  lernen!
- Gerne, bis dann.

Abdullah fährt glücklich nach Hause. Er findet Kim toll.

Kim geht in ihr Zimmer und tanzt zu „Lieblingslied".
Sie ist noch lange wach. Dann geht sie ins Bett. Das Lied
klingt immer noch in ihren Ohren.

- Der Tag war einfach klasse!!!

LANDESKUNDE

Erfurt

Deutschland hat zirka 82,5 Millionen Einwohner. Die
Hauptstadt ist Berlin. Es gibt 16 Bundesländer. Eines dieser
Bundesländer heißt Thüringen und die Hauptstadt ist
Erfurt. Die Stadt liegt in der Mitte von Deutschland.
Dort leben zirka 210.110 Menschen. Erfurt ist nicht
groß, aber auch nicht
klein. Hier ist es sehr
schön und jedes
Jahr kommen
viele Leute
und machen
Urlaub.

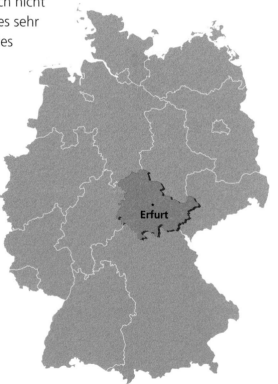

In Erfurt leben auch bekannte Personen: Musiker, Schriftsteller, Architekten und Lehrer. Viele sind schon gestorben. Einer davon war Adam Ries.

Adam Ries war ein sehr guter Mathematiker und hat wichtige Mathematikbücher geschrieben. Von 1519 bis 1522 war er in Erfurt Lehrer an einer Schule. Der Name Adam Ries ist heute noch bekannt, denn man sagt: „Das macht nach Adam Ries(e) 25 Euro." Das bedeutet: die Rechnung ist richtig.

Lies die Seiten 38 und 39. Beantworte dann
die Fragen.

1. Wie heißt die Hauptstadt von Deutschland?

....

....

2. Wo liegt Erfurt und in welchem Bundesland?

....

....

3. Wie viele Leute leben in Erfurt?

....

....

4. Wie heißt der große Rechenmeister?

....

....

5. Was bedeutet „nach Adam Riese"?

....

....

....

Kapitel 1

Schreib die Sätze richtig.

1. Kim – ein Problem – und – hat – Fußball – spielt – .

Kim spielt Fußball und hat ein Problem.

2. mag – nicht – aufstehen – sie – .

3. linken – passiert – Auge – was – ist – mit – deinem – ?

4. jetzt – blaues – habe – Auge – ich – ein – .

Kapitel 2

Bring die Buchstaben in die richtige Reihenfolge.

1. iBniik   Bikini ....

2. tndHchua   ....

3. Rsckuack   ....

4. dammbSchwi   ....

5. ischenRittwguernsmm ....

Kapitel 3

Kreuz die richtige Antwort an.
Hör zur Kontrolle den Dialog.

1. Geht Kim nächste Woche mit Marie ins Einkaufszentrum?

☐ Ja   ☐ Nein

2. Was braucht Marie?

☐ einen Rock und Schuhe
☐ eine Jeans und Ohrringe
☐ ein T-Shirt und eine Sonnenbrille

3. Wie lange wollen Kim und Marie noch im Schwimmbad bleiben?

☐ 30 Minuten
☐ eine Stunde

4. Was wollen sie am Abend machen?

☐ ins Einkaufszentrum gehen
☐ ins Kino gehen
☐ Mathe lernen

Kapitel 4

Finde sieben Wörter zum Thema Schwimmbad.

T	L	A	V	D	K	U	B	P	W	X	I	K	F
S	C	H	W	I	M	M	E	N	H	E	Z	M	G
U	Y	B	A	F	L	D	C	S	R	U	O	C	B
N	H	O	S	A	B	I	K	I	N	I	F	T	A
E	W	J	S	K	M	F	E	C	P	U	T	N	D
D	R	E	E	U	B	L	N	K	V	P	A	S	E
F	W	Q	R	G	Z	B	R	C	M	J	I	M	M
H	O	D	X	B	I	S	A	M	K	W	D	R	E
G	U	L	B	M	A	I	N	S	Y	N	N	L	I
F	R	M	G	H	A	N	D	T	U	C	H	M	S
K	Y	D	H	V	T	I	A	L	C	S	Z	U	T
L	R	N	E	H	A	N	P	P	J	M	A	D	E
S	P	R	U	N	G	T	U	R	M	T	U	H	R
F	Z	O	A	Q	V	J	M	D	K	E	K	S	K

Kapitel 5

Ergänze Kims Tagebuch.

Marie	gekommen	Unfall
Freundin	gespielt	~~Tag~~
schwimmen	Leute	Schwimmbad

Sonntag, 12. August

Liebes Tagebuch,
der ..Tag.. war toll.
Im .... haben wir Volleyball

....

Abdullah hatte einen ....

Er ist ins Krankenhaus ....

In Syrien können viele ....

nicht ....

.... ist meine beste

....

Kapitel 6

a) Ergänze a, e, i, o, u.

1. Sch u l e

2. Kl   ss

3. H   b   r-Gymn   s   m

4. St   nd   npl   n

5. Kl   ss   nz   mm   r

6. Sp   rtl   hr   r

7. P   s

b) Schreib die Wörter mit Artikel.

1.   die Schule

2.

3.

4.

5.

6.

7.

Kapitel 7

Richtig oder falsch? Kreuz an.

	richtig	falsch
Die Freunde essen am Abend im Jugendtreff.	☐	☐
Bilbo ist nicht mehr bei Henri zu Hause.	☐	☐
Jemand hat den Papagei gesehen.	☐	☐
Henri schreibt einen Brief an Marie.	☐	☐
Henri hängt ein Blatt Papier an einen Baum.	☐	☐

Kapitel 8

Beantworte die Fragen.

1. Wer gibt ein Konzert?

....

....

2. Wo ist das Konzert?

....

....

3. Wie viele Tickets hat Kim für das Konzert?

....

....

Kapitel 9

Hör den Dialog und bring die Sätze in die richtige Reihenfolge.

...... Der Hund ist aus dem Tierheim.

...... Kim, Henri und Rex gehen im Park spazieren.

...... Henri hat den Hund am Samstag bekommen.

...... Sie haben den Papagei gesucht.

..1.. Henri und Kim treffen sich im Park.

...... Rex kann ohne Leine laufen.

Kapitel 10

Was passt zusammen? Verbinde.

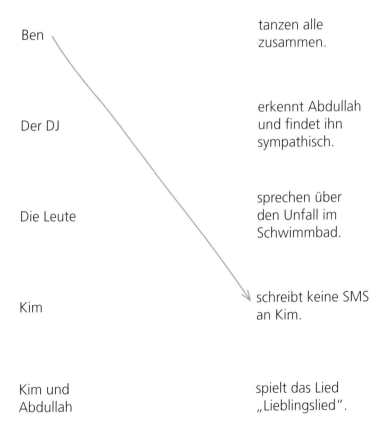

Ben   tanzen alle
                             zusammen.

Der DJ   erkennt Abdullah
                             und findet ihn
                             sympathisch.

Die Leute   sprechen über
                             den Unfall im
                             Schwimmbad.

Kim   schreibt keine SMS
                             an Kim.

Kim und   spielt das Lied
Abdullah   „Lieblingslied".

Kapitel 11

Kim ruft Marie an und erzählt. Welcher Text ist richtig? Kreuze an.

☐ Ben war am Wochenende beim Klettern. Ich habe eine SMS bekommen. Er ist in mich verliebt und geht mit mir aufs Konzert. Ich freue mich schon sehr.

☐ Ben hat sich nicht gemeldet, deshalb habe ich Henri angerufen. Er hat mir von Bens neuer Freundin erzählt. Ich war sehr traurig und habe eine Telefonnummer angerufen. Weißt du, wen ich angerufen habe?

Kapitel 12

Löse das Rätsel.

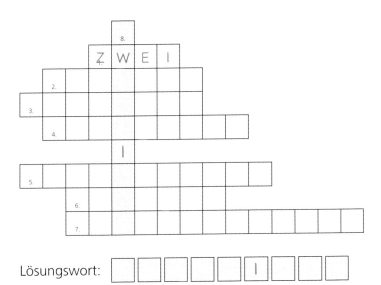

Lösungswort: ☐ ☐ ☐ ☐ ☐ I ☐ ☐ ☐

1. Wie viele Tickets hat Kim für das Konzert?
2. An welchem Tag ist das Konzert?
3. Mit wem geht Kim zum Konzert?
4. Wer gibt das Konzert?
5. Wo treffen sich Kim und Abdullah um 18 Uhr?
6. Welches Lied finden Abdullah und Kim klasse?
7. Wann soll Abdullah zum Essen kommen?
8. *Die Lochis* machen gute Musik und sind …

Kapitel 13

Wie heißt das Partizip II? Notiere.

1. machen .... *gemacht* ....

2. sehen ....

3. fotografieren ....

4. essen ....

5. kommen ....

Kapitel 14

Welche Lieder kennst du von *Die Lochis*?
Suche im Internet und finde 3 Lieder.

1.

2.

3.

Alle Titel der Reihe:

leicht & klasse A1
Ein Sommer mit Überraschungen
Das Fußballturnier

leicht & klasse A2
Die Klassenfahrt
Der Umzug nach Hamburg

leicht & klasse B1
Die Schatzsuche